EFFECTIEF COMMUNICEREN OP HET WERK

Zeg wat je bedoelt en krijg wat je wilt

50MINUTES.com

EFFECTIEF COMMUNICEREN OP HET WERK

Zeg wat je bedoelt en krijg wat je wilt

geschreven door Virginie de Lutis
vertaald door Nikki Claes

EFFECTIEF COMMUNICEREN OP HET WERK

- **Het probleem?** Hoe ontwikkel je een gezonde en duidelijke communicatie in het bedrijf?

- **Waarom is het belangrijk?** Goede communicatie in het bedrijfsleven is noodzakelijk om werknemers te motiveren en efficiënter te maken, conflicten op te lossen en harmonieuze zakenrelaties te onderhouden.

- **Professionele context?** Professionele relaties, professionele communicatie, human resources.

- **FAQ?**

  - Waar moet ik op letten bij de communicatie met mijn collega's?

  - Wat voor soort communicatie vind ik in het bedrijf?

  - Hoe communiceer ik met mijn meerdere?

  - Hoe kan ik mijn vergaderingen effectief maken?

  - Hoe voorkom je geruchten en machtsspelletjes?

  - Wat is het doel van evaluaties en feedback?

  - Moet ik anders communiceren als ik een vrouw ben?

  - Hoe kan ik de communicatie binnen mijn team herstellen?

Communicatie is essentieel voor de goede werking van elk bedrijf, maar kan een bron van misverstanden en zelfs conflicten zijn, waardoor een sfeer ontstaat die schadelijk is voor het welzijn en de efficiëntie van de werknemers. Geruchten, insinuaties, onuitgesproken woorden – het is niet ongewoon om in de loop van ons beroepsleven met dergelijke situaties te maken te krijgen.

Maar hoe gaan we te werk om effectieve en gezonde uitwisselingen te bevorderen die de werknemers respecteren en motiveren? Waar vroegere modellen de belangrijkste belanghebbenden overstelpten met informatie zonder rekening te houden met het menselijke element, ontwikkelen de bedrijven van vandaag steeds meer strategieën die tolerante, behulpzame en nauwe communicatie bevorderen en koesteren. Het opzetten van een dergelijk proces vergt echter tijd en vereist de naleving van bepaalde beginselen. In 50 minuten zet dit boekje de verschillende facetten van interne communicatie en de obstakels die u binnen een bedrijf kunt tegenkomen in perspectief, en stelt het oplossingen voor om met succes duidelijke en doeltreffende boodschappen over te brengen en zo uw professionele relaties te verbeteren.

DE ABC'S VAN DE KAMPIOEN BEDRIJFSCOMMUNICATIE

DE BEGINSELEN VAN COMMUNICATIE

De elementen van een communicatie

Alle communicatie heeft drie hoofdelementen: een zender, een boodschap en een ontvanger. Uitgaande van dit klassieke patroon zullen wij de essentiële kenmerken van uitwisselingen tussen collega's, teams en superieuren onderzoeken.

De voorbeelden in bovenstaande tabel zijn niet volledig, maar kunnen u doen denken aan collega's of situaties die u hebt meegemaakt. Om ervoor te zorgen dat uw boodschappen worden gehoord en begrepen, is spreken niet voldoende: u moet communiceren, d.w.z. contact maken met de andere persoon. Tijdens deze relationele uitwisselingen, door Eric Berne (Amerikaans psychiater, grondlegger van de transactionele analyse, 1910-1970) ook wel "transacties" genoemd, creëren we verwisselbare rollen. Volgens Berne reageren we allemaal op drie "ego-toestanden" – volwassen, ouder en kind – en jongleren we daartussen, afhankelijk van de uitwisseling en de positie die onze gesprekspartner inneemt. Bovendien kunnen de sprekers tijdens hetzelfde gesprek van rol wisselen, afhankelijk van hun emoties en het besproken onderwerp.

Non-verbale communicatie

Het succes van onze communicatie hangt niet alleen af van woorden (geschreven of gesproken): ook non-verbale taal speelt een belangrijke rol. Volgens Albert Mehrabian (hoogleraar psychologie, geboren in 1939) lijkt het laatste type het meest communicatief te zijn.

Wees u bewust van de elementen van non-verbale taal, zodat u de informatie die u overbrengt, kunt controleren.

BEELDADVISERING

Image consultancy is een modieuze praktijk, met name dankzij *make-over* programma's, en helpt u om uw uiterlijk te verbeteren en uzelf te laten gelden door een outfit te kiezen die past bij uw lichaamstype, teint en persoonlijkheid. Het beeld dat u uitstraalt, is net zo belangrijk als uw woorden. Als je je voldaan voelt in je lichaam, krijg je meer zelfvertrouwen, wat zich vertaalt in een zeker gemak waarmee je je uitdrukt.

Verbale communicatie

Hoewel het slechts 7% van onze communicatie uitmaakt, vormt verbale taal de basis van de informatie van de volwassene, om het model van Berne te gebruiken. Door uw communicatie te baseren op objectieve informatie krijgt u meer duidelijkheid. Overweeg de volgende tips om effectief te communiceren:

- Communiceren is verbinden, betrokken zijn. Druk je uit door je zinnen te beginnen met "ik": "ik denk", "ik stel voor", "ik stel voor", enz. Zo drukt u uw gevoelens en ideeën uit zonder de ander te beschuldigen en zonder u te baseren op geruchten. Zeg bijvoorbeeld liever "ik ben overwerkt" dan "je let niet op mijn werklast";

- Als u iets niet begrijpt, vraag dan onmiddellijk om opheldering, zodat er geen twijfels of misverstanden ontstaan;

- De meest geavanceerde technologie verbetert niet noodzakelijkerwijs de communicatie. Zorg dus voor je e-mails en zakelijke geschriften als je ruilt. Gebruik beleefde taal, wees kort en bondig, enz;

- assertief zijn wanneer dat nodig is. Als iemand u onderbreekt, aarzel dan niet om hem te vragen waarom hij u onderbreekt en wijs erop dat u in gesprek was;

- Evenzo, wanneer iemand tot u spreekt, luister dan aandachtig, zonder hem af te snijden, en blijf geconcentreerd;

- Pas uw woordenschat aan de persoon met wie u praat aan, zodat deze begrijpt wat u zegt.

COMMUNICATIE IN HET BEDRIJFSLEVEN

Waarom verdient het onze volledige aandacht?

Goede interne communicatie is de basis van elk succesvol bedrijf. Het dient onder meer om:

- ervoor zorgen dat de doelstellingen en instructies worden begrepen;

- medewerkers rond een project verenigen;

- Werknemers betrekken en betrekken bij de bedrijfs-cultuur;

- werknemers te motiveren;

- Conflicten oplossen;

- zorgen voor evenwichtige en aangename relaties;

- een vriendelijke sfeer creëren.

Formele communicatie

Formele communicatie heeft betrekking op alle formele uitwisselingen tussen personen in een organisatie. Het kan:

- van professioneel schrijven zoals e-mail, memo's of notulen van vergaderingen die, met de tijd en nieuwe technologieën, volledig kunnen veranderen. Opgemerkt zij dat sommige bedrijven zich meer bewust zijn van hun verantwoordelijkheid als burger en de voorkeur geven aan elektronische berichten boven communicatie op papier. Anderen hebben echter nog niet in IT-systemen geïnvesteerd en geven de voorkeur aan gedrukte versies;

- mondelinge uitwisselingen zoals vergaderingen, feed-back en interviews.

Het medium en het doel van elk van deze uitwisselingen wordt bepaald door de verzender van het bericht volgens de hierboven besproken concepten. Een baas die bijvoorbeeld niet erg beschikbaar is, zal voornamelijk per e-mail communiceren via zijn managers om instructies door te geven of rechtstreeks met zijn werknemers om contact met hen te onderhouden. Ook hier hangt de manier waarop informatie wordt verspreid af van de werkfilosofie en de cultuur van het bedrijf.

Informele communicatie

Informele communicatie verwijst naar alle onofficiële uitwisselingen die op het werk plaatsvinden, maar niet noodzakelijk betrekking hebben op werk gerelateerde kwesties. Het kan gaan om discussies rond de koffieautomaat, tussen twee kantoren, tijdens de lunch, tijdens een sigarettenpauze, enz. Sommige managers zijn huiverig voor dit soort communicatie omdat het spontaan is, vrij van alle normen en informatie overbrengt die vaak niet geverifieerd is (geruchten, roddels, enz.), wat kan leiden tot conflicten en ongemak. Net als schriftelijke communicatie kan dit gebeuren via verschillende media, schriftelijk (e-mails, post-its) of mondeling, en heeft het verschillende voordelen:

- het biedt status en voldoet aan de behoefte aan erkenning en bij de groep horen;

- het bevordert het delen van sociale en culturele waarden binnen een groep;

- het moedigt samenwerking aan door banden te leggen tussen werknemers.

Er zijn geen regels om te volgen en geen magische instructies. Volg dus de principes van goede manieren om gezonde en productieve werkrelaties te ontwikkelen en te onderhouden.

JE HOUDING AANPASSEN

Ongeacht het type communicatie is de houding die wij aannemen doorslaggevend en bepalend voor het verloop van de uitwisseling. Volgens Eric Berne zijn er drie toestanden, die corresponderen met specifieke gedragingen:

- **(P) de ouder** die de gezaghebbende maar zorgzame ouderfiguur imiteert;

- **(A) de Volwassene** die zich bezighoudt met het feitelijke aspect van de dingen, met logische en rationele informatie, hier en nu;

- **(E) het Kind** dat verwijst naar onze ervaringen en herinneringen uit de kindertijd.

De volgende tabel geeft u de details die nodig zijn om de complexiteit van deze rapporten te begrijpen.

Om constructieve en passende uitwisselingen binnen het bedrijf te handhaven, moeten de transacties (of uitwisselingen) complementair zijn, d.w.z. van volwassene tot volwassene of van ouder tot kind.

Wees voorzichtig, als uw transacties elkaar kruisen, kan dit conflicten veroorzaken.

> **Bijvoorbeeld:**
>
> – *"Hoe laat komt hij aan?"* (Volwassene)
>
> – *"Dat zou je moeten weten!"* (Ouder)

Bij dit soort transacties wordt het evenwicht niet gerespecteerd omdat een van de twee partijen als kind wordt behandeld, terwijl hij zich als volwassene opstelde.

> **Voorbeeld van een antwoord in een uitwisseling tussen volwassenen en volwassenen:**
>
> *"Hij arriveert om 10.30 uur. Het ergert me dat je dit soort informatie niet bewaart, want ik heb het gevoel dat je deze vergadering niet serieus neemt."* (Volwassen)

Wees u bewust van dergelijke verschuivingen, want machtsspelletjes vinden vaak plaats zonder medeweten van de deelnemers. Ze hebben negatieve gevolgen voor de productiviteit van het bedrijf en wekken wrevel op binnen het team. Wanneer u met uw collega's of superieuren omgaat, onthult al uw communicatie uw toestand.

Om uit onaangename relatiespelletjes te komen, biedt transactionele analyse goede oplossingen door uit te nodigen om de meest geschikte toestand aan te nemen, afhankelijk van elke situatie. Als je je bijvoorbeeld bij iedereen als een "normatieve ouder" gedraagt, is het heel logisch dat dit spanningen tussen collega's oplevert. Als u resultaten wilt krijgen van werknemers, zorg er dan voor dat u functioneert als een "volwassene" door feitelijke instructies te geven (wanneer, waar, aan wie, enz.). Als u uw collega's op een professionele (d.w.z. volwassen) manier wilt behandelen, doe dat dan. Neem voor sommige informele uitwisselingen, waarbij welwillendheid (Parent) vereist is, een meer empathisch en warm gedrag aan in uw woorden en houding. Als uw werknemer bijvoorbeeld erg ongemotiveerd is op het werk, maar dat niet toegeeft, moet u, in plaats van zijn ontkenning te accepteren of hem te dwingen te praten, zich richten op uw doel: meer zicht krijgen om de werksituatie te verbeteren. Om dit te doen, breng je jezelf in de toestand die je gepast vindt. Gezaghebbende, normatieve ouder? Een neutrale, rationele volwassene? Misschien moet je de warme en zorgzame verzorgende ouder proberen.

TOP TIPS

- **Druk jezelf uit met het voornaamwoord "ik".** Dit toont uw betrokkenheid bij het gesprek en laat zien dat u een standpunt inneemt. Gebruik liever de positieve dan de negatieve vorm. Zeg bijvoorbeeld "Weet je nog dat we morgen een vergadering hebben?" in plaats van "Weet je nog dat we morgenochtend een vergadering hebben?

- **Gebruik vriendelijke lichaamstaal** om de ander op zijn gemak te stellen. Schakel zoveel mogelijk gedragstics die uw nervositeit, ongemak of woede verraden uit (zenuwachtig gebaren maken, uw handen in uw zakken verbergen, nagelbijten enz.). De gesprekspartner zal zich dan concentreren op wat u zegt en niet op uw lichaamstaal.

- **Beheers je emoties.** Wat de situatie ook is (negatieve feedback, onaangename opmerkingen van een collega, enz.), wees niet agressief of defensief, want dat leidt niet tot een gezonde oplossing. Neem een stap terug, probeer de ander te begrijpen en leg zo nodig rustig uit wat u niet bevalt om de spanning te verminderen.

- **Bouw vertrouwenwekkende relaties** om je heen. Handel op een zorgzame manier om uw collega's aan te moedigen hetzelfde te doen. In deze geest, spreek u uit tegen en veroordeel elk grof, seksistisch, racistisch of vernederend gedrag. Deze houding is

onaanvaardbaar in elke gemeenschap en kan voor
sommige werknemers leiden tot ontslag of zelfs een
burn-out.

- **Pas je aan de persoon met wie je praat aan.** Let op
hun verbale en lichaamstaal. Als hij of zij tactiel is,
geef dan een knuffel; als hij of zij visueel is, visuali-
seer uw toespraak dan met concrete voorbeelden; als
hij of zij auditief is, geef dan de voorkeur aan mondelinge communicatie boven schriftelijke; enz. Pas
bovendien de manier waarop u zich uitdrukt aan
naargelang u zich richt tot uw meerdere of uw directe
collega.

- **Interne open dagen organiseren om** uitwisseling
aan te moedigen en de samenwerking tussen dien-
sten te versterken. Laat uw collega's zien hoe dingen
intern werken, zodat iedereen op de hoogte is van de
processen en rollen van elke afdeling. Dit zal misverstanden en misstanden sterk verminderen.

- **Ontwikkel een intern netwerk.** Het interne netwerk
vormt een interessante en nuttige bron van informatie en kennis voor de hele onderneming. Het nodigt
werknemers uit om van tijd tot tijd informatie uit te
wisselen over specifieke aspecten (in plaats van over
algemene inhoud die niemand raadpleegt). Een afdeling zou bijvoorbeeld een agenda kunnen opstellen
waarin de dagelijkse activiteiten worden beschreven.
U kunt ook een sociaal bedrijfsnetwerk opzetten. Het
is gebaseerd op de modellen van klassieke sociale
netwerken en biedt werknemers de mogelijkheid om

onderling snel uit te wisselen, te publiceren en te communiceren. Dit zal hun samenhang versterken.

- **Stel specifieke tijden vast om te communiceren** zodat mensen niet op elk moment van de dag worden gestoord en afgeleid. Organiseer briefings en interviews als u tijd nodig heeft met de betrokkene. Vergeet niet om hen tijdig te informeren over wat er gaande is. Als het slechts een detail is dat moet worden doorgegeven, probeer er dan over te praten bij de koffie of tijdens de lunchpauze.

- **Kies voor groepsvergaderingen of één-op-één vergaderingen**, afhankelijk van het soort informatie dat moet worden verstrekt. Als u een werknemer moet corrigeren voor ongepast gedrag, hoeft u niet het hele bedrijf uit te nodigen. Na afloop van groepsvergaderingen de notulen van de genomen besluiten ter beschikking stellen van de betrokkenen (aanwezig of afwezig).

- **Creëer een ontspanningsruimte** om informele uitwisselingen aan te moedigen. Dit zal de werkrelaties en de sfeer in uw team verbeteren. Hier kunnen ook de kortste of meest informele vergaderingen worden gehouden.

ALTRUÏSTISCHE RELATIES

Matthieu Ricard, een arts in de biologie die boeddhist werd, pleit voor altruïsme als factor voor succes in het bedrijfsleven. Volgens hem is de mens van nature op anderen gericht, niet op zichzelf. In die zin bepalen de statistieken van de OESO (Organisatie voor Economische Samenwerking en Ontwikkeling) dat het nummer één criterium voor geluk verreweg de kwaliteit van relaties is. Uit hun onderzoek blijkt dat goede communicatie gebaseerd is op altruïsme en gezonde interacties met collega's. Volgens Ricard kan meditatie een instrument worden voor teambuilding, omdat het samenwerking en duurzame harmonie bevordert en de ontwikkeling van een gezonde en zorgzame omgeving stimuleert. Tegenwoordig creëren sommige bedrijven ontspan-ningsruimtes en nodigen ze hun werknemers uit om alleen of met anderen te mediteren om hun relaties en dus hun communicatie te verbeteren.

FAQ

WAAR MOET IK OP LETTEN BIJ DE COMMUNICATIE MET MIJN COLLEGA'S?

Er zijn veel aspecten om rekening mee te houden: je gebaren, je houding, je uiterlijk, de stroom van je stem en de woorden die je gebruikt. Door een harmonieus geheel te creëren stuur je duidelijke en directe boodschappen. Besteed ook aandacht aan de persoon met wie je praat, kijk hem in de ogen en luister naar hem. Focus op wat ze zeggen en hun lichaamstaal. Als u iets niet begrijpt, vraag dan om nadere uitleg. Als u voelt dat er een emotie schuilgaat achter wat ze zeggen, praat er dan op een vriendelijke manier over: het doel is hier niet om psycholoog te spelen, maar om openhartige en eerlijke communicatie tussen collega's aan te moedigen.

WAT VOOR SOORT COMMUNICATIE VIND IK IN HET BEDRIJF?

De soorten communicatie en de gebruikte media variëren naargelang de omvang van de organisatie waarin u werkt en de cultuur van uw bedrijf. Over het algemeen is het echter noodzakelijk om computervaardig te zijn, aangezien e-mail, intranet en videoconferenties de meest gebruikelijke communicatiemiddelen zijn. Natuurlijk is er ook verbale, mondelinge communicatie via vergaderingen, feedback en interviews, en niet te vergeten informele uitwisselingen bij de koffieautomaat.

HOE COMMUNICEER IK MET MIJN MEERDERE?

Afhankelijk van de filosofie en de interne werking van het bedrijf is het mogelijk dat je nooit contact hebt met de grote baas. Daarom zal uw leidinggevende een manager zijn die voldoet aan de normen van het interne beleid van uw bedrijf. Als u samenwerking wilt aanmoedigen, moet u tijdens het gesprek weten wie uw chef zal zijn, zodat de rollen duidelijk zijn vastgesteld. Laat uw manager zich in elke uitwisseling uitdrukken op de manier waarop hij/zij het liefst communiceert en op de toon die hij/zij verkiest (vertrouwd, koud, direct, enz.) en pas u aan zijn/haar houding aan. Begin als voorzorgsmaatregel beleefd en bewaar een zekere professionele afstand, in ieder geval totdat u hen beter leert kennen.

HOE KAN IK MIJN VERGADERINGEN EFFECTIEF MAKEN?

Bevestig uw aanwezigheid bij een vergadering niet als u de agenda niet kent. Vraag om meer informatie over het onderwerp en de kwestie. Zo komt u voorbereid aan, of kondigt u eventueel uw afwezigheid aan. Als alle medewerkers aanwezig moeten zijn, maar u vaak het gevoel krijgt dat uw tijd verspild is, stel dan voor dat u één-op-één vergaderingen of vergaderingen met de direct betrokkenen houdt. Dit is belangrijk voor ieders efficientie en motivatie.

HOE VOORKOM JE GERUCHTEN EN MACHTSSPELLETJES?

Geruchten kunnen disfuncties in het bedrijf aan het licht brengen. Interne communicatie probeert ze te vermijden door in contact te blijven met de werknemers en uit te zoeken wat angsten, achterklap of frustraties aanwakkert. Om u te helpen problemen op te sporen, analyseert u de volgende vier punten in uw bedrijf:

- de kwaliteit van de samenwerking, d.w.z. luisteren, het kader respecteren, spreken en debatteren;

- betrokkenheid, d.w.z. het welwillende klimaat, de teamcohesie, het wegnemen van de angst om vergeleken te worden;

- energiebeheer. Op een weloverwogen manier geleid, overweldigt het leiderschap van de manager de teams niet;

- Conflictoplossing, d.w.z. conflicten zien als een productief moment, de persoon van de kwestie onderscheiden, oplossingen aanreiken of een compromis aanmoedigen.

Open en effectieve communicatie kan niet bestaan in een kwaadaardig klimaat waarin iedereen bang is voor onuitgesproken woorden en interpersoonlijke spanningen. In een omgeving waar deze risico's worden beperkt en waar de rijpheid van het team iedereen in staat stelt zijn potentieel te benutten (door fouten te maken, vragen te stellen, tegenstrijdigheden te zoeken in het debat om zijn werk te verbeteren, enz.), vindt de onderneming in haar werknemers een productieve solidariteit waarvan de intelligentie door het team wordt gevoed.) vindt het bedrijf in zijn werknemers een productieve solidariteit waarvan de intelligentie wordt gevoed.

WAT IS HET DOEL VAN EVALUATIES EN FEEDBACK?

Beoordelingen en feedback zijn speciale momenten om met meerderen of, omgekeerd, met ondergeschikten te bespreken. Aarzel daarom niet om naar de te bespreken onderwerpen te vragen om u voor te bereiden. Evaluaties zijn een gelegenheid om te communiceren over wensen, bevindingen, ideeën, maar ook over ondervonden moeilijkheden. Als u voor een dergelijke vergadering wordt opgeroepen, bereid dan een dossier voor met uw suggesties op een professionele manier, zodat u uw superieuren kunt informeren. Tijdens een feedbacksessie zal deze laatste u feedback geven over uw vaardigheden en houding. Luister er rustig naar, vat het niet op als kritiek, maar als een kans om te verbeteren.

MOET IK ANDERS COMMUNICEREN ALS IK EEN VROUW BEN?

Sommige mannen aarzelen niet om vrouwen neer te halen door er verkeerde overtuigingen op na te houden (vrouwen zijn emotioneel, zwakker, kunnen minder goed tegen stress, enz. Om je zelfvertrouwen als vrouw op te bouwen, laat je je inspireren door deskundige technieken, zoals de krachthoudingen van Amy Cuddy, die werken op het onderbewustzijn. Maak dergelijke seksistische opmerkingen belachelijk en aarzel niet om contact op te nemen met de vertegenwoordigende instanties als er geen maatregelen of besluiten worden genomen om een einde te maken aan dergelijk gedrag. De sociale partners (vakbonden, ondernemingsraden, enz.) kunnen passende maatregelen voorstellen om een rustig en beschaafd klimaat in de bedrijfscommunicatie te herstellen.

 ## GOED OM TE WETEN.

In een lezing getiteld "Your Body Language Shapes Who You Are" legt de Amerikaanse psychologe Amy Cuddy uit dat het veranderen van iemands houding een positieve invloed heeft op de manier waarop anderen ons zien, maar vooral op onze eigen perceptie van onszelf. Na het uitvoeren van eenvoudige houdingsexperimenten van twee minuten toont Cuddy aan dat lichaamstaal van invloed is op het testosteronniveau, de risicotolerantie en het cortisolniveau. Deze hormonale veranderingen sturen de hersenen en leiden ertoe dat we reageren met een gevoel van macht of stress. Cuddy stelt daarom voor houdingen te imiteren die ons in een sterke positie brengen en ons vertrouwen voeden: handen op de heupen, torso naar voren gebogen, rechte rug, enz. Pas dit advies zo vaak mogelijk toe door deze houdingen of die van zelfverzekerde collega's te herhalen totdat u zich zelfverzekerder voelt.

HOE KAN IK DE COMMUNICATIE BINNEN MIJN TEAM HERSTELLEN?

Teambuilding is een effectieve oplossing voor het herstellen van een gezonde communicatie in bedrijven. Wil het relevant zijn, organiseer het dan rond onderwerpen die verband houden met uw probleem (conflictoplossing, groepsdynamiek, teamcommunicatie, enz.). Gebruik een facilitator van buiten het bedrijf, zodat iedereen, ook de manager, baat heeft bij de workshop. Belangrijk hierbij is dat de leider van de groep het goede voorbeeld geeft en dat iedereen in het bedrijf aan het proces deelneemt.

HET IS AAN JOU.

JEZELF LATEN GELDEN

Ga voor de spiegel staan en geef je indrukken van:

- uw dress code;
- de manier waarop je hallo zegt;
- de toon van je stem.

Denk nu aan een van uw collega's die zelfverzekerd en op zijn gemak is en analyseer de verschillen tussen hun houding en de uwe. Past hun manier van spreken bij hun stijl en persoonlijkheid? Is hij of zij zacht, snel, efficiënt, begripvol? Komt je uitdrukking overeen met je temperament? Corrigeer de elementen volgens uw antwoorden.

HET VERTROUWEN IN UW TEAM HERSTELLEN

Als u het gevoel hebt dat machtsspelletjes of onuitgesproken woorden de sfeer in uw team bemoeilijken en bedrijfsprojecten vertragen, onderzoek dan de situatie. Stel jezelf de volgende vragen om de bron van de conflicten te begrijpen. U probeert deze intern of met de hulp van een coach tijdens een teambuildingsessie op te lossen.

- Hoe verlopen de spelletjes? Zijn de betrokkenen altijd dezelfde? Hebben ze dezelfde rollen?

- Heeft iemand ze ooit aangesproken op hun gedrag? Heb je dat persoonlijk gedaan?

- Welk gedrag valt u het meest op? Hoe leg je de betrokkene uit dat zijn of haar houding schadelijk is ("Waarom onderbreek je me steeds?", "Waarom ben je zo agressief als je spreekt? Het verzwaart het team", enz.)

- Positioneer de sprekers op het ego-staat raster: Ouder (verzorgend of normatief), Volwassene, Kind (onderdanig, opstandig of spontaan). Welke informatie komt hieruit?

OM VERDER TE GAAN

BIBLIOGRAFISCHE BRONNEN

BASTIANUTTI (Julie) en PETITBON (Frédéric), *La proximité, une stratégie!* Parijs, Dunod, 2015.

D'ALMEIDA (Nicole) en LIBAERT (Thierry), *La communication intérieure des entreprises*, Parijs, Dunod, 2010.

Duterne (Claude), *La communication intérieure en entreprise*, Brussel, De Boeck, 2002.

Ghiulamila (Juliette) en LEVET (Pascale), *Les hommes, les femmes et les entreprises: vers quelle égalité?* Parijs, éditions L'Harmattan, 2007.

GOLDSTEIN (Mauricio) en REAO (Philippe), *Petits jeux de pouvoir en entreprise. Hoe ze te identificeren en er een einde aan te maken*, Parijs, Pearson, 2012.

"Feromonen, biochemische boodschappers die seksueel en sociaal gedrag beïnvloeden", in *Nutra News*, december 2000, geraadpleegd op 8 augustus 2015.

http://www.nutranews.org/sujet.pl?id=684

TERRIER (Claude), "L'analyse transactionnelle", in *Cterrier. com*, september 2013, geraadpleegd op 9 augustus 2015.

http://www.cterrier.com/cours/communication/32_analyse_transactionnelle.pdf

Tonnelé (Arnaud), *La bible du team-building. 55 fiches pour développer la performance des équipes*, Parijs, Eyrolles, 2015.

AANVULLENDE BRONNEN

Berne (Éric), *Des jeux et des hommes*, Parijs, éditions Stock, 1982.

SCHANDELER (Florence), *Hoe ben je duidelijk in je schriftelijke communicatie?* Brussel, Uitgeverij Lemaître, 2015.

VIDEO'S

Cuddy (Amy), "Your Body Language Shapes Who You Are", in *Ted*, juni 2012, geraadpleegd op 8 augustus 2015.

http://www.ted.com/talks/amy_cuddy_your_body_language_shapes_who_you_are

FRIED (Jason), "Why Work Doesn't Happen at Work", in *Ted*, oktober 2010, geraadpleegd op 9 augustus 2015.

http://www.ted.com/talks/jason_fried_why_work_doesn_t_happen_at_work

HEFERMAN (Margaret), 'Dare to Disagree', in *Ted*, augustus 2012, geraadpleegd op 8 augustus 2015.

http://www.ted.com/talks/margaret_heffernan_dare_to_disagree

"Het gezicht ontcijferd", in *Arte*, Duitsland, 2011, geraadpleegd op 8 augustus 2015.

http://www.arte.tv/guide/fr/043564-000/le-visage-decrypte

"Lichaamsgeur: een communicatiemiddel?", in *Youtube*, Duitsland, 2014, geraadpleegd op 8 augustus 2015.

https://www.youtube.com/watch?v=PZQJFcbF_ig

"Non-verbaal: de gebaren die je geloofwaardigheid om zeep helpen", Frankrijk, 2014, geraadpleegd op 8 augustus 2015.

https://www.youtube.com/watch?v=k-s_R4yZEuY

RICARD (Matthieu), "How to Let Altruism be Your Guide", in *Ted*, oktober 2014, geraadpleegd op 9 augustus 2015.

http://www.ted.com/talks/matthieu_ricard_how_to_let_altruism_be_your_guide

SNEK (Simon), "Why Good Leaders Make You Feel Safe", in *Ted*, mei 2014, geraadpleegd op 8 augustus 2015.

http://www.ted.com/talks/simon_sinek_why_good_leaders_make_you_feel_safe

We horen graag van u! Laat
een reactie achter op jouw online bibliotheek
en deel je favoriete boeken op social media!

Master ISBN: 9782808604659
Papier ISBN: 9782808605861
Wettelijk depot: D/2023/12603/13

Digitaal ontwerp: Primento,
de digitale partner van uitgevers.